395.

395. Avril de Lenclos

CATALOGUE

ESTAMPES

ANCIENNES
PETITS MAÎTRES

Callot, Dürer, La Belle, Lucas de Leyde, Rembrandt, etc.

ÉCOLE MODERNE

Gaucherel, Girardet, H. N. R. Morghen, Toschi, etc.

PORTRAITS

ÉCOLE DU XVIIIe SIÈCLE

CHARDIN   la Serinette (avant la lettre)
LAVREINCE   le Billet doux (eau-forte pure)
DEBUCOURT   Eisen, et après

Volumes brochés

QUELQUES DESSINS ET TABLEAUX

Dont la vente aura lieu

Après décès de M. A. de I.

RUE DES BONS-ENFANTS, N° 28

MAISON SILVESTRE, SALLE N° 1

Les Lundi 14, Mardi 15 et Mercredi 16 Mai 1877

À SEPT HEURES ET DEMIE PRÉCISES DU SOIR

Me **MAURICE DELESTRE**, Commissaire-Priseur,
successeur de M. Delbergue-Cormont,
rue Drouot, 27.

Assisté de **M. VIGNÈRES**, Marchand d'Estampes,
rue de la Monnaie, 21 (ancien 13), à l'entre-sol.
CHEZ LESQUELS SE DISTRIBUE LE CATALOGUE

EXPOSITION CHAQUE JOUR DE VENTE

DE UNE HEURE À TROIS HEURES

PARIS 1877

ORDRE DES VACATIONS

PREMIÈRE VACATION —

Écolе ancienne . . . . Nᵒˢ 1 à 203

DEUXIÈME VACATION —

École ancienne . . . . Nᵒˢ 204 à 296
École moderne . . . . 297 à 351
Portraits . . . . 352 à 395

TROISIÈME VACATION —

École du XVIIIᵉ siècle . . . . Nᵒˢ 396 à 580
Dessins et Tableaux . . . . 581 à 589

CONDITIONS DE LA VENTE

Elle sera faite au comptant.

Les Acquéreurs paieront CINQ POUR CENT en sus des enchères.

M. VIGNÈRES, chargé de la vente, remplira les Commissions.

NOTA. Toute commission sans prix fixe ou sans limite déterminée sera regardée comme nulle.

M. VIGNÈRES se charge de faire marquer les prix aux Catalogues des ventes qu'il a faites. Les personnes qui le désirent peuvent s'adresser à lui *franco*.

Plusieurs Amateurs éloignés en ont reconnu l'utilité pour les guider dans leurs achats sur les valeurs des Estampes.

Les Catalogues des Ventes à faire seront envoyés à toute personne qui en fera la demande *affranchie*.

Avis. — Nous prions MM. les Amateurs éloignés de ne pas attendre au dernier jour, pour que les lettres arrivent le matin de la vente.

M. VIGNÈRES se charge des Commissions dans les Ventes de Livres et Estampes autres que les siennes.

Choix de Catalogues avec prix marqués.

ESTAMPES ANCIENNES

1 **Albane** (D'ap.). Baptême de Jésus, Anglés de plafonds, Triomphe de Flore. 9 p. 2

2 **Aldegrever**. Loth empêche les habitants de Sodome de faire violence, Hercule terrassant l'Hydre, Lucrèce et autres. 9 p. 8

3 **Aman** (Josse). Costumes de rois cuirassés, en pied, 4 p. grand in-8. 4

4 **Anonyme italien**. Nymphe se défendant des caresses d'un satyre, l'Amour et deux enfants la défendent. In-fol. Très-rare. 9

5 **Barbé** (J.-B.). Sainte Famille. Très-belle ép. 1 50

6 **Bassan** (D'ap.). Noces de Cana, les Cuisines, Saisons, etc. 13 p. 2

7 **Bega** (C.). Scènes de buveurs, à l'eau-forte, 13 p., quelques doubles. .... 6 . 50

8 **Beham** (H. S.). Adam et Ève, Mose Aaron, Musica, Grammatica, Amours tenant un écusson, etc. 11 p. 15

9 — Danseurs de noces et autres. 14 p. 20

10 — La Passion. Sur bois. 10 p. 15

11 **Berettin de Cortone**. Sujets religieux et mythologiques. 9 p.

12. **Berghem**. Moutons à l'eau-forte et Scènes de bergers. 25 p., par et d'ap.

13 — Ancien Port de Gênes, par Aliamet, grand in-fol. Le Midi et autres. 5 p.

14 **Bloemaert** (Ab.). Le Joueur de musette. Magnifique ép. In-4. sans marge.

15 **Bois anciens**. Sujets divers. Environ 118 p.

16 **Bolswert** (S. A.). Le Reniement de saint Pierre, d'ap. *Seghers*. In-fol. Superbe ép.

17 **Borcht** (Genre de). Le Jeu des Singes (C'est la boutique d'un barbier, l'on arrache les dents, l'on saigne, etc). Petit in-fol. Superbe ép.

18 **Bosse** (Ab.). Le Capitaine — Le Porte-Drapeau — Seigneur, d'ap. Saint-Igny. — Le Peintre. — Porteur d'eau. — Hidalgo. — Judith. 7 p.

19 **Boulanger**. Vierge et Jésus. Magnifique ép. avant toute lettre, très-rare.

20 **Bourdon** (Sébastien). Les OEuvres de miséricorde. 7 p. in-fol.

21 **Breughel** (D'ap.). Les Péchés capitaux et le Jugement dernier. 8 p.

22 — La Prudence. — La Tempérance. 2 p. belles.

23 — Paysage. *Cock excud*. 5 p. in-fol.

24 **Bry** (Théodore de). L'Age d'or, d'ap. *Bloemaert*. Pierre ronde.

25 **Cabel** (Van der). Paysage à l'eau-forte. Deux suites de 6 p. En tout 12 p.

26 **Callot**. Massacre des Innocents (Meaume 5). Première planche.

27 — Le grand Ecce Homo (7). Mariette ex. — 2.50

28 — La grande Passion, originale et copies. 20 p. — 2

29 — Les quatre Banquets (48-51). 4 p. — 2.50

30 — Petite Passion, ovale et ronds, 26 sujets, 4.50
13 feuilles; plusieurs sont par deux et par trois
et ne sont pas coupées.

31 — Combat à la barrière (492-503). Suite de 15
10 p. Très-belles ép.

32 — Claude Deruet, peintre, en pied (505). Belle 18
ép. avant-dernier état.

33 — Différents Sujets (90-98). 9 p. très-belles ép. 40

34 — Le Capitan (628), rogné de chaque côté, et la 2
Noblesse (673-684). 13 p.

35 — Les Supplices (665). 3ᵉ et 4ᵉ états des 7 connus. 10

36 — Le Brelan (666). 3

37 — Les Bohémiens. Originaux et copies. 8 p. 3

38 — Les Fantaisies. 84 petites pièces. 8.50

39 — Bénédicité, Saint Nicolas, Martyre de 21
saint Sébastien, la Revue et autres. 12 p.

40 — La Porte du paradis, Noblesse et autres. 6.50
34 p. par et d'après.

41 — Balli, Saints et autres, par et d'après. 46 p. 3.50

42 — Carrière de Nancy, rognée. — Tentation de 6
saint Antoine, rognée. — Foire de Florence.
Très-grand in-fol., ép. moderne. — La même,
rognée. 4 p.

43 — Nouveau Testament, Apôtres, Mendiants, 24.50
Noblesse, Fantaisies, Gobbi, Balli, Varie figures,
Petites Misères. Plus de 500 p. 6 lots.

44 Camaïeux, par Ant. de Trente, Jackson et 40
autres, d'après Parmesan, Raphaël, etc. 16 p.

45 **Canaletti**. Le Palais Ducal et d'après lui, Vues de Venise. En tout 4 p.

46 **Canta Gallina** (R.). L'Ange et Tobie, petite pièce non citée par Bartsch. Rare.

47 **Cantarini** dit Pesarese. Adam et Ève, Saintes Familles, Saints, la Fortune. 14 eaux-fortes.

48 **Carrache**. La Soucoupe (B. 18). Rare, et pour pendant, Triomphe de Silène, par Costantino. 2 p.

49 — Son Portrait, Vierges et Saintes Familles, 12 p.

50 — Sujets religieux, Saints, le Christ mort. 12 p.

51 — Sujets mythologiques. 24 p.

52 **Castiglione**. L'Entrée dans l'arche. — La Magicienne. 2 p. à l'eau-forte.

53 — Têtes, Cyrus exposé. 10 p. par et d'après.

54 **Chauveau**. Sujets tirés d'un livre d'Heures, 26. — Les Tableaux de la pénitence, 23. — Sujets religieux. — Pharamond, etc. 94 p.

55 **Christophorus ab aqua**. Les quatre Tables allégoriques de Lazare Riveriana, d'après Boscarati. 4 p. grand in-fol. Toute marge.

56 **Coelmans**. Saintes Familles, Saintes, etc. 8 p. très-belles.

57 **Collaert** (Les). Les Parties du Monde, 5. — Assomption. — Les Parties du jour, 3. — Les Dieux, 6. — Le Jugement de Pâris, 4. — Sophonisbe. 20 p.

58 **Corrége**. Vierge et Jésus, Ecce Homo, la Nuit, le grand saint Gérôme et autres. 20 p.

59 — L'Amour taillant son arc, Léda, Antiope, Danaé, etc. 6 p.

60 **Dalen**. La Vierge allaitant Jésus, d'ap. Flinck. In-fol. Très-belle ép.

61 **Desbois** (Martial). Les Noces de Cana, d'après Patavinus. In-fol. Très-belle ép.

62 **Dietricy**. Musiciens ambulants, Adoration des bergers, Jésus guérissant les boiteux et autres. 5 p. originales.

63 — (D'après). Les Soldats en repos, l'Approche du camp, le Repos des bergers et autres. 7 p.

64 **Dujardin** (Karel), et autres. Animaux à l'eau-forte et Paysages. 50 p.

65 **Durer** (Albert). Les Vierges (B. 31, 32, 33, 42), et autres. 6 p.

66 — Saint Christophe (52). Très-belle ép.

67 — Le Petit Courier (80). Très-belle ép. collée.

68 — Les Trois Paysans (86). Très-belle ép. collée.

69 — Le Branle (90). Très-belle ép. collée.

70 — La Grande Fortune (77), mauvais état — et 2 pièces de la vie de la Vierge, par Marc Antoine. 3 p.

71 — Le Chevalier de la mort. Copie du Sens, superbe et contre-partie. 2 p.

72 — Les Effets de la jalousie, le Seigneur et la Dame, le Satyre, Saint Philippe, Saint Christophe. 5 copies.

73 — Saint Jérôme dans sa cellule, l'Enfant prodigue, l'Enlèvement d'Amymone, Mélancolie, etc. 5 copies.

74 **Durer** (D'après), et copies. Vierges et autres Sujets. 16 p.

75 **Durer** (A.). La petite Passion, sur bois. 36 p.

76 — Pièces sur bois. Tirées de la petite Passion, les Trois Croix, Sainte Catherine et autres.

77 — Imitations de pièces sur bois, à l'eau-forte, et transport sur pierre. 15 p.

78 **Dyck** (D'après van). Jésus Christ donnant les clefs à saint Pierre, par *Winstanley*. Superbe ép.

79 — Les Apôtres, Sainte Famille, le Christ mort, le Christ à l'éponge, Ecce Homo, etc. 18 p.

80 — Le Christ à l'éponge. — Les Trois Croix. 2 p. in-fol. Marge. Ép. modernes.

81 **Eaux-fortes italiennes.** Biscaino, Guide par et d'après, Procacino, etc. 17 p.

82 — Sirani, Tiépolo et autres. 20 p.

83 **École flamande.** N. de Bruyn, Pyrame et Thisbé, Allégories, Mythologie, Gueux, Sujets flamands, etc. Plus de 170 p. 6 lots.

84 — Sujets bibliques de Galle, Sadeler, Martin de Vos, etc. 44 p.

85 — Pièces tirées de la galerie Lebrun. 7 p.

86 **École italienne.** Les Trois Croix, d'après Tintoret, en 3 feuilles. — Le Christ mort, d'ap. Carache. — Les Noces de Psyché et l'Amour, d'ap. Jules Romain, en 3 feuilles. Combat des Amazones de Béatricet, et autres. 6 p. Très-grand in-fol. Collées en plein.

87 — Vierges et Sujets religieux. 16 p.

88 — Jugement de Pâris, et autres. 16 p.

89 — Vierges et Sujets religieux. 60 p.

90 — Sujets mythologiques et autres. 90 p. 2 lots.

91 — Sujets divers, divers formats. 50 p.

92 **Eisen** (Ant.): La Charité, la Justice, la Prudence, la Tempérance. 4 p. in-8.

93 **Fac-Simile** de dessins, d'après Parmesan, Guerchin et autres. 40 p.

94 **Finletti** et autres. Emblèmes de l'Amour. 49 p.

95 **Frey.** La Cène, d'après Léonard de Vinci. — Bacchus et Ariadne. — Char du Soleil. — Char de la Nuit. 4 p. grand in-fol. collées sur toile.

96 **Galle** (Ph.). Passio, Mors et Resurrectio Dn. Nostri Jesv Christi. 33 p. dont le portrait de Stradan. Album demi-rel.

97 — Sujets de chasse, d'ap. *Stradan.* 12 p.

98 **Gellée** (Claude Lorrain). Le Forum romain.

99 **Ghisi** (Les). Hercule superbe, Vénus blessée par les épines d'un rosier, grand Combat maritime, etc. 5 p.

100 **Gole** (J.). L'Artificier. Manière noire.

101 **Goltzius.** Costumes de hallebardiers. 2 p. Très-belles ép. sans marge.

102 — Nymphes de Diane, les Dieux de la Fable, Th. Frisius et le chien, la Nuit, Figures allégoriques. 21 p.

103 **Goudt** (Le comte). Cérès cherchant sa fille. — L'Aurore. 2 p.

104 **Guaspre** (D'ap.). Paysages, 18 p. et 4 de Francisque Millet. 22 p.

105 **Guerchin** (D'ap.) Sujets bibliques, Têtes, Fac-Simile. 11 p.

106 **Guide** (D'ap. le). Sainte Madeleine, 5 différents, Sujets religieux, 9, Sujets mythologiques, 6. En tout 20 p.

                           E. ANCIENNES

107 **Meer** (G. de). Le Camp des Bohémiens. in-fol. sur parchemin. Très-rare.

108 **Hogarth**. Plate 3 de la Vie d'une courtisane, l'Arrestation. In-fol.

109 **Hollar**. Diane assise, Portraits de femmes. 4 p. belles.

110 **Hondius** (D'ap.). Le Paradis terrestre. — Orphée. 2 p. in-fol.

111 **Hopfer**. Deux Feuilles composées de plusieurs sujets, Combat de cavaliers, Colonne. 4 p.

112 **Huret**. La Vierge, Jésus et saint Joseph. Petit in-fol. Superbe ép.

113 — Pièces de la Passion. In-fol. etc. 3 p.

114 — Le Jour? — Le Soir? 2 costumes de femme. Sans marge.

115 **I. B.** (Monogramme). Combat de onze hommes. — Allégorie du cœur tourmenté par l'envie et les tribulations. 2 p. Belles ép.

116 Iconographia magni patris Aurelii Augustini Hipponensis episcopi, etc. 28 p. in-4. Superbes ép. Album 1624, demi-rel.

117 **Isac** (Jaspar). Joueur de violon, la Vieille, le Joueur de fifre et de cornemuse. 4 p. in-4 de la collection Robert Dumesnil. Très-belles ép.

118 **Jordaens**. Mercure coupant la tête à Battus.

119 **Krug** (L.). Adoration des Mages.

120 **La Belle** (Étienne de). Les Ports de mer, Marines. 30 p.

121 — Petits Sujets militaires, Conduites de troupes, Batailles. 40 p.

122 — Polonais, Éthiopiens, et autres, dans des ronds, Paysages. 35 p.   12

123 — Animaux, Chasses, les Éléments, Paysages. 34 p.   12

124 — Le Pont-Neuf. Très-grand in-fol.   7

125 — Le Reposoir. In-fol. Très-belle ép. collée.   10

126 — Ornements, la Mort fauchant, les Ruines romaines, Paysages, 30 p.   11

127 — Petits Sujets. Têtes études, Fragments, etc. Environ 200 p. 2 lots.   21

128 **Lafage.** Frises, Bacchanales, les Nymphes à la fontaine. 14 p. par et d'après.   4

129 **Lairesse.** Scènes de nymphes et satyres. 4 p. in-fol. Le Triomphe de Vénus, 1er et 2e états et autre, in-4. 7 p.   4

130 **Le Brun.** Vesper, superbe. — Nox. 2 eaux-fortes originales.   2

131 **Le Brun** (D'ap.). Les Batailles d'Alexandre et Triomphe de Constantin, par J. Audran et Tardieu. 8 p. in-fol. Belles ép. dans marge   6

132 — Le Christ aux anges en 2 feuilles, la Madeleine, 2 ép. — 3 p. par Edelinck.   3

133 — Plafond du grand escalier de Versailles, Sujets religieux et autres. 15 p.   3

134 **Leclerc** (Séb.). Entrée d'Alexandre dans Babylone. Original et copie. — Petites conquêtes, petites Vues, etc. 35 p.   6

135 **Le Clerc** fils (D'ap.). Les Passions. — Hérodiade, le Joueur de musette. 7 p.   2

136 Le Imagini dei Dei degli antichi. In-4, in Venetia appresso Giordano Zilctti, 1571. Nombreuses figures rel. en vélin.

137 **Léonard de Vinci**. Têtes caricatures. 17 sur 5 feuilles et tête de Vierge. 6 p.

138 — Sainte Anne, la Vierge et Jésus, par Rossari. — Les quatre Cavaliers, par Édelinck. 2 p. in-fol.

139 **Le Pautre**. Bacchanale d'enfants et autres. 18 p.

140 **Londonio**. Sujets de bergers et animaux. 16 p.

141 **Lucas de Leyde**. Caïn tuant Abel (B. 13). — Lamech et Caïn (14) et la copie contre-partie, Apôtres. 5 p.

142 — L'Histoire de Joseph (19, 21, 22) et la copie du (19). David en prière (29). — Salomon adorant les idoles (30). En tout 6 p.

143 — Adoration des Mages (37). In-fol. et la copie. Couronnement d'épines (69). Jésus portant sa croix (72). 4 p.

144 — Jésus et les Apôtres (86 à 98), manque (99). 13 p. belles ép. Collection Robert Dumenil.

145 — Les Évangélistes (100 à 103). 4 p.

146 — Saint Sébastien (115). — Saint Antoine (116). 2 p.

147 — Saint Jérôme (113). — Saint François d'Assise (120). — Sainte Madeleine (123). — Sainte Catherine (125). 4 p.

148 — L'Espérance (128). Belle ép.

149 — L'Espérance (128). — La Charité (129). — La Force (132). 3 p.

150 — Lucrèce (184). — Mars et Vénus (137). 2 p.

151 — Les Gueux (143). — La Force (150). — Les Musiciens (155) et la copie. 4 p.

152 — Le Chirurgien (155). L'Opérateur, copie. — L'Espiègle, copie. 3 p.

153 — Un Écusson vide soutenu par deux enfants (166). — Les Gueux. — Le Fou. 3 p.

154 — Copies : Adoration des Mages, le grand Ecce Homo et d'après Adoration des Mages. Grand in-fol. et autres.

155 **Maratte** (D'ap.). Sujets bibliques et autres, Diane, etc. 7 p.

156 **Marc-Antoine**. La Vie de la Vierge, d'après Albert Durer. 17 p. avec grandes marges. Cahier.

157 — La Carcasse (B. 426). Grand in-fol. Très-belle ép. restaurée.

158 — Le Jeune et le vieux Bacchant (B. 294). — Didon, copie. — Cléopâtre, copie et autre. 4 p.

159 — et son École, Apôtres, Évangélistes, les Figures dans des niches, etc. 15 p.

160 — Les Bas-Reliefs, Massacre des Innocents, au chicot, la répétition de la Vierge au bras nu, et autres. 18 p.

161 — Annonciation. — Vénus sur la mer, Laocoon, Enlèvement d'Hélène. 5 p. de Silvestre de Ravenne.

162 **Mariette**. L'Ange gardien, d'ap. J.-B. Corneille. Petit in-fol. Superbe ép.

163 **Marot**. Les Grandes Conquestes et autres, par *Corvinus*. 21 p. très-belles.

164 **Matham**. La Charité, Saint Jean, Andromède. 3 p.

165 **Mauperché**. Repos en Égypte. Superbe ép. avant l'adresse de Gallay.

166 **Michel Auge** (D'ap.). Les Prophètes. 11 p. petit in-fol.

167 — Jugement dernier, par Léonard Gaultier, Martin Rota et copies et autre Jugement dernier différent, par Martin Rota. 9 p.

168 **Muller**. Le Marchand de complaintes. In-4. Très-belle ép.

169 **Nether**. D'après Norblin, son œuvre en 21 très-petites eaux-fortes. Très-belles ép.

170 **Norblin**. Son Œuvre en 77 p. collées sur 9 feuilles.

171 — et Plonski. 24 p. dont quelques doubles.

172 **Ornements**, de Babel, Huet, Le Potre, Toro, etc. 36 p.

173 **Ostade**. Son Œuvre en 46 p. à l'eau-forte.

174 — Sujets de tabagies, etc. 25 p. par et d'après.

175 **Pas** (C. de). Sujets d'histoire ancienne. 24 p. in-8. Toute marge, cahier. Très-belles ép.

176 — Sujets bibliques et mythologiques. 17 p.

177 **Penez** (Georges). Joseph raconte ses songes (B. 9.). — On le descends dans la citerne (10). 2 p. Belles ép.

178 — La Femme adultère (55). Le Mauvais Riche (65). Conversion de saint Paul (69). 3 p. et autre.

179 — Tobie, le Christ en croix, Lucrèce et autres 8 p.

180 — Prise de Carthage, grand in-fol. (B. 86).
Avant-dernier état Ant. Sal. *ex.*

181 **Perelle.** Paysages. Divers format. 130 p.

182 **Perrier** (F.). Repos en Égypte, Saint Roch,
Saint Sébastien. 4 p.

183 **Piranesi.** Monuments, Vases, Antiquités,
Vues, etc. 30 p.

184 **Plonski.** Son OEuvre en 27 p., dont 7 doubles
collées sur 7 feuilles.

185 **Polydore** (D'ap.). Vases, Trophées d'armes et
bas-reliefs, par Galestruzzi. 16 p.

186 **Poussin** (D'ap.). La Passion, par Stella. 14 p.
in-fol. jaunies.

187 — Sacrements, etc. 14 p.

188 — Pièces de la Passion et autres Sujets religieux.
15 p.

189 — Sacrifice, Frappement du rocher, la Manne,
le Baptême, Mort de Germanicus, etc. 12 p.
grand in-fol.

190 **Raphael** (D'ap.). Les Cartons d'Hampton Court.
7 p. Grand in-fol. et titre, par Dorigny. Ép. modernes, jaunies.

191 — Vierge à la chaise et autres, Sainte Famille.
15 p.

192 — Sujets des Loges, Massacre des Innocents,
Saint Michel, etc. 28 p.

193 — Mythologie, Triomphe de Galatée, Facsimile, etc. 12 p.

194 **Rembrandt.** Mort de la Vierge, sur papier de
Chine volant.

195 — Descente de Croix (la grande). 2 ép.

196 — (D'après). Enlèvement de Ganimède, par Schultze. Très-rare ép. avant la lettre, avec des blancs sur le haut des ailes de l'aigle. Superbe.

197 — Son Portrait dessinant. Belle ép.

198 — Portraits de Rembrandt, sa Femme, sa Mère et autres portraits et titres. 34 p.

199 — Sujets de la Bible et religieux, Saints. 27 p.

200 — Sujets divers, Femme les pieds dans l'eau, Jeu de Kolff, Gueux, Faustus, etc. 22 p.

201 — Portraits de Rembrandt et autres, Sujets religieux, Négresse couchée, Gueux, etc. 34 p.

202 — Eaux-fortes originales, 11, et Copies d'après lui, 25. En tout 36 p., Sujets religieux, etc.

203 — Copies de Claussin et autres, Portraits, Sujets religieux et autres. 50 p.

204 **Ribera.** Martyre de saint Barthélemy et la copie, les saints Gérôme différents, le Poète, etc. 12 p.

205 **Romain** (D'ap. Jules). Le Crucifiement, les deux grandes Frises de Coriolan, Vierge, etc. 7 pièces.

206 **Romeyn de Hooghe.** Scènes historiques, Guillaume arrivant en Angleterre, etc. 5 p. à l'eau-forte.

207 **Rosa** (Salvator). Œdipe, la Chute des géants, les Costumes de soldats. 25 p.

208 **Rousselet.** Diane, Endimion. 2 p. petit in-fol. Superbe.

209 — L'Europe, — l'Asie, — l'Afrique. — l'Amérique. 4 p. petit in-fol. Superbes.

210 — Mercure. — Diane. — Endymion. 4 p. petit   14.
in-fol. Superbes. 4

211 **Rubens** (D'ap.). Sainte Famille. In-fol. par   2
Bolswert. *Bonenfant excud.* Belle ép.

212 — La Madeleine, par Bergh. — Adoration des   5
bergers, de Pannels. — Résurrection, de
Bolswert. — Suzanne, 2 différents. — Sainte
Cécile. 6 p.

213 — Présentation au temple, Adoration des Mages,   3
grand in-fol., et autres Sujets religieux. 12 p.

214 — Achille reconnu. — Roma triumphans. —   7
Saint Ambroise recevant Théodose et pendant,
— et autres sujets mythologiques. 9 p.

215 — L'Ange et Élie. — Visitation. — Pêche mira-   2
culeuse, en 2 feuilles. — L'Élévation en croix,
en 3 feuilles. — Saint Bavon. 5 p. in-fol., ép.
modernes.

216 — Les Pères de l'Église, en 2 feuilles. — Ado-   2
ration des Mages, en deux feuilles. — D'après
Coypel, la Fille de Jephté. — La Fille de Jephté,
Thèse. — Les trois Croix, en 3 feuilles collées
en plein, les 2 dernières collées sur toile. 5 p.
immenses in-fol.

217 — Jugement de Salomon, en 2 feuilles. — Pêche   2
miraculeuse, en 3 feuilles. — Élévation en
croix, en trois feuilles. — Le Combat des
Horaces. — Le Baptême. — La Cananéenne. —
La Tente de Darius, etc. 8 p. immenses in-fol.,
collées en plein.

218 **Rugendas**. Scènes de camps, Bataille. 3 p.   1
avec ton jaune. Très-belles ép.

219 **Sadeler**. Les Mois. 12 p. grand in-4.

220 — Sujets religieux et mythologiques, Diane et Actéon, et autres. 21 p.

221 — Paysages divers. 16 p.

222 **Sandrart** (D'ap.). Nox, par Suyderhoef. — December. — 2 p. petit in-fol.

223 **Scheyndel**. Fêtes de village. 2 petites pièces rares.

224 **Schut** (C.). Petites eaux-fortes de Vierge. — Supplice de saint Georges, par Eynhouedts. Superbe. — Sujets mythologiques. 7 p.

225 **Silvestre** (L.). Andromaque priant Ulysse de sauver Astyanax. Grand in-fol., très-belle ép., par Audran.

226 **Silvestre** (Israël). Les Bons Hommes et autres Vues de Paris, la grande Vue du château de Fontainebleau et autres. 29 p.

227 **Solis** (Virgile). Les Dieux, Têtes, Frise et autres petits maîtres, Cor Met. et monogrammistes. 23 p.

228 **Stephanus**. Scènes de la Bible, Ornements, etc. 30 p.

229 — et autres petits maîtres, et Sujets divers collés légèrement pour former 4 trompe-l'œil. Plus de 70 p.

230 **Suanevelt** (H.). Paysages à l'eau-forte, 10 p., et 6 autres par Both. 16 p.

231 **Tempesta**. La grande Cavalcade du grand turc en 5 frises superbes, Batailles, etc. 16 p.

232 **Teniers** (D'ap.). Délassements des Flamands, Tabagies et autres scènes de buveurs, Paysages, de divers formats, de l'in-8 au grand in-fol. 48 p.

233 **Testa** (P.). Sacrifice d'Abraham et autres sujets bibliques, etc. 13 p.

234 **Testolini**. Le Chapelier, d'ap. Van Vliet. Superbe.

235 **Thulden** (Th. V.). Histoire d'Ulysse. 46 p.

236 **Tibaldi**. Sujets mythologiques. 9 p.

237 **Tintoret** (D'ap.). La Cène, Saint Jérôme, etc. 5 pièces.

238 **Titien** (D'ap.). Portraits, Triomphes de Pétrarque et autres. 18 p.

239 **Umbach** (J.). Bacchus. — Pâtre cornant. 2 p. à l'eau-forte, très-belles ép.

240 **Valck**. Les Amours de Pan, d'après Netscher. Manière noire ; in-fol., très-belle ép. de la Collection Naumann.

241 **Van Vliet**. Les Mendiants. 8 p. très-belles, collées sur une feuille.

242 **Velde** (J. Van de). Fêtes flamandes. 6 petits sujets en forme de frise et autres. 8 p.

243 — Les Saisons. 4 p. in-fol. Très-belles ép.

244 **Véronèse** (D'ap.). Grands Repas, Sujets religieux, Famille d'un prince en prière, etc. 11 p.

245 **Visscher** (Corneille). Le Marchand de mort aux rats. In-fol. Belle ép.

246 — La Fricasseuse. In-fol. Belle ép.

247 — La Bohémienne, Fricasseuse, Patineurs, le Negre, Attaque du convoi. 5 p. in-fol.

248 **Vorsterman**. Loth et ses filles. In-fol., marge.

249 **Vos** (D'ap. Martin de). Sujets religieux, Romains, Allégories mythologiques, etc. 18 p.

2

2.50 250 **Vouet** (D'ap. S.). Sainte Famille, la Fortune, Psyché et l'Amour. 4 p.

6.50 251 **Waterlo.** Paysages à l'eau-forte. X p. Belles épreuves.

1 252 **Weirotter.** Paysages à l'eau-forte. 28 pièces. Belles ép.

12 253 **Winck Roons** (D'ap.). Scènes bibliques dans de riches paysages, Fête de village et Seigneurs qui dansent. 6 p. in-fol.

4 254 **Wouvermans** (D'ap.). Sujets de Chevaux. 6 p.

4 255 **Animaux,** Bestiaux, d'après Berghem, Huet, Oudry, Van de Velde et autres. 100 p.

1 256 — Lithographiés par Newton Fielding et autres, à l'eau-forte, par Bartsch, Chirac. 20 p.

2.50 257 **Antiquités,** Grecques, Romaines, Étrusques, Pierres gravées, Camées, Médailles, etc. 210 p.

8.50 258 — Bas-reliefs, par Diana Ghisi, Moitte et autres. 60 p.

1 259 **Broderies** en soie sur papier, Cœurs enflammés, etc. 8 p., anciennes.

3.50 260 **Chasses,** d'après Oudry, Rubens, Tempeste et autres. 32 p.

1.50 261 **Chinoiseries.** Sauvages, Sujets et vues d'Égypte, d'Orient, des Indes, etc. 162 p.

6 262 **Costumes** de Représentants du peuple, coloriés et autres en noir. 40 p.

8.50 263 — de Personnages anciens, par Duflos, noir et coloriés. 50 p.

6.50 264 — Militaires, 1835, et Costumes divers, anciens. 45 p.

265 — d'Ordres religieux et Religieuses. 50 p.

266 **Divers.** Saint Éleuther. — Hubert. — Norbert. 6 p. — La Cène. — Portement de croix. — Martyre. — Saint François-Xavier. — Bacchus et Ariane. — Chasse à l'ours. — Fresques. En tout, 13 p. grand in-fol. collées sur toile.

267 — Laissez venir à moi les petits enfants, chez Cars. — Saint Paul tombé de cheval, Édelinck ex. 2 p. collées sur toile et roulées sur bâton.

268 — Sujets religieux, Paysages et autres, in-fol. et grand in-fol. Collés sur toile et en plein, 40 p.

269 **École française.** Sujets divers. 50 p.

270 — Sujets mythologiques. 24 p.

271 **Écoles diverses** anciennes. Peintures à fresques et autres, Massacre des Innocents, Fêtes, Batailles, Baigneuses, Diane et Actéon, et autres, 40 p. in-fol.

272 — Métamorphoses d'Ovide. 98 p.

273 — Paysages de diverses Écoles. 144 p.

274 **Petits sujets.** Les Éléments de Pérelle, Emblèmes et autres, de diverses Écoles. 50 p.

275 — divers. Des diverses Écoles. 75 p.

276 **Pièces historiques.** Batailles anciennes 46 p.

277 — Cérémonies, Cortéges, Sacres, etc. 32 p.

278 — Entrée de Louis XVIII dans Paris, par Alix, sujets de la Révolution de 1792, etc. 28 p.

279 — Sur la vie de Napoléon Ier. 37 p.

280 — Bonaparte et Berthier, par Cardon. — Le Camp de Boulogne. — Les Aigles retrouvées. — Le Tombeau. — Apothéose. 5 p. grand in-fol.

281 — Fastes de la nation française, Batailles, Duplessis Bertaux, etc. 62 p.

282 **Statues** de F. Perrier, 20 p. Le Groupe d'Apollon, par Édelinck et autres. 50 p.

283 **Sujets Religieux.** Têtes de Christ de Butavant et autres, Christ en croix. 28 p. divers formats.

284 — Vierges et Saintes Familles. 42 p.

285 — Sujets de la vie de la Vierge, Adorations des bergers et des mages. 46 p.

286 — Sujets de la vie de Jésus-Christ. 35 p.

287 — Sujet de l'Ancien et Nouveau du Testament et autres. 225 p. 2 lorts. 175 p.

288 — Sujets religieux divers. 100 p.

289 — Apôtres, Saints divers. 70 p.

290 — Saintes Cécile, Geneviève, Madeleine et autres. 22 p.

291 **Sujets religieux.** Saints, Saintes, coloriés sur parchemin, découpés à jour. 30 p.

292 Sujets Religieux, Saints, etc., plusieurs découpés et ornés de clinquant. 22 p.

293 **Sujets religieux,** Saints et Saintes, en noir sur parchemin. 20 p.

294 — Coloriés sur parchemin et 3 miniatures anciennes. 19 p.

295 — Prières et fac-simile de miniatures anciennes en chromo. 15 p.

296 **Sujets** et allégories sur la mort. 15 p.

ESTAMPES MODERNES

297 **Album** de la Chronique, pièces tirées de la galerie de Florence de Vicar. 23 p. Quelques doubles. — 1

298 **Bervic**. Enlèvement de Déjanire. In-fol., d'ap. le Guide. Ancienne ép. *rare* — 13

299 **Calamatta**. La Cenci, d'après le Guide. In-fol. Superbe. — 21

300 Concours des Beaux-Arts en Italie. 40 p., au trait. In-fol. — 2

301 **Dala**, *Venise 1847*. Il Salvatore in gloria, grand in-fol., d'après *P. Véronèse*. Très-belle ép., toute marge. — 1

302 **Eaux-fortes** de Charles Jacques, Flameng, Trimolet, Péquegnot, etc. 26 p. — 3

303 **École italienne**. Madonna del aguello, d'ap. Luini, 2 différentes. — La Vierge tenant le Christ, d'après Michel-Ange. — Vierge et Jésus, d'après Sassoferrato, par Soster. 4 p. in-fol. — 3

304 —, Erodiade, 2 différentes. — Dilexit multum. — Disciples d'Emaüs, par Bernardi, d'après Appiani. 4 p. in-fol. — 2

305 — Adam et Ève, par Folo, d'ap. Titien. — La Nourrice de l'Amour par Caronni, d'ap. Parmesan. — Pallas. L'Amour désarmé, par Guil. Morghen. 4 p. in-fol. — 2

306 — Adoration des Bergers. — Jésus et les Docteurs. — La Cène et autre. 6 p. in-fol. — 1

307 **Ferreri** (C.). L'Apothéose de saint Charles Borromée, d'après *C. Maratte*, grand in-fol. Très-belle ép. toute marge.

308 **Gandolfi**. Sainte Cécile, d'après *Raphaël*, grand in-fol. Très-belle ép. toute marge.

309 — L'Amour dormant, d'ap. Gandolfi, in-fol. Superbe, toute marge.

310 **Garavaglia**. Vierge et Jésus en rond, d'après *Vital Sala*, 1830. Superbe ép. avant toute lettre.

311 **Jesi** (S.). La Vierge embrassant Jésus, d'après *Raphaël*, petit in-fol. Superbe. — L'Amor materno, d'après *Cignani*. 2 p.

312 **Lithographies**. Amours des Dieux, d'après *Girodet*, Chasses, Paysages, etc. 30 p.

313 — Sujets divers en noir. 53 p. Voitures et autres.

314 — Baigneuses et autres coloriées. 16 p.

315 **Longhi**, 1806. Décapitation de saint Jean, d'ap. G. Dow. — Le Christ au Tombeau, d'ap. D. Crespy. — Le Génie de la musique vainqueur de l'Amour, 1794, d'ap. *le Guide*. 3 p. in-fol.

316 **Manière noire**. Réconciliation, la Rencontre, le Gage d'amour, le Soldat complaisant, etc. 5 p. in-fol. Toute marge.

317 — Stage-coach, Royal Mails, le Calme, Marie Stuart, etc. 5 p. grand in-fol. Marge.

318 — Agonie et résurrection du Christ de Murphy, Mort de Bayard, etc. 4 p. grand in-fol.

319 — The Hen-peckt Husband, Socrates et Xantippe, the Burgomaster, Venus.

320 **Morghen** (Raphaël). Esculape, Hygie, d'après des bas-reliefs antiques. Superbe ép. in-fol. Toute marge.   1

321 — Loth et ses filles, d'ap. *Guerchin*, in-fol. avant la lettre.   7

322 — Le Christ : Sic Deus dilexit mundum, d'ap. *C. Dolci*. — Noce de Germanicus et d'Agrippine. 2 petite p.   1

323 — Mater divinæ gratiæ, d'après *Garofalo*, petit in-fol. superbe, toute marge.

324 — La Vierge regardant Jésus dormant : Parce somnum rumpere, d'après *Titien*. Superbe ép. avant le linge et une ép. 2ᵉ état, pour comparaison, rognée. 2 p.   14

325 — Sainte Famille, d'ap. *Rubens*, in-fol.   6

326 — Vierge à la chaise, d'après *Raphaël*, in-fol. Très-belle ép., toute marge.   2-3

327 — Moncade à cheval, d'après *Van Dyck*, avant les contretailles sur la cuirasse. Belle ép. in-fol.   8

328 **Muller** (Fr.), 1812. Saint Jean, Évangéliste, d'ap. *le Dominiquin*. Belle ép.   7

329 **Obermann** (A.). Aug. 1810. Animaux; Bestiaux à l'eau-forte. 22 p. Quelques doubles.   12

330 **Pauquet**. La Reine et Mᵐᵉ de La Vallière religieuse, in-fol. Très belle ép. d'artiste, sur chine, les noms à la pointe.   2

331 **Photographies**. Monuments, vues et sujets divers. 31 p. sur 44 feuilles.   3

332 Pinacoteca della pontificia accademia delle belle arti in Bologna. 59 p. petit in-fol. et 9 livraisons de texte.   14

333. **Pinelli**. Histoire romaine. 41 p. in-4. Au trait.

334 **Porporati**. Il Bagno di Leda, d'ap. Corrège, in-fol.

335 **Rabelais**. Supplément à ses œuvres. Figures sur bois pour les songes drôlatiques de Pantagruel. 120 p. in-8 brochées. Paris, Tross, 1870.

336 **Rainaldi**. Joseph et la femme de Putiphar. — Décapitation de saint Jean. 2 p. in-fol.

337 **Raphaël** (D'après). La Vierge et Jésus, par *Anderloni* — par *Mochetti* — par *Paradisi* — Madonna del Lago. 4 p. in-fol. Très-belles ép.

338 — Les trois Grâces, par *Caporali*, in-fol. Tachée d'huile.

339 **Ribault**. — La Vierge soutenant le corps du Christ, in-fol. avant la lettre, d'après *Crispo*.

340. **Rosaspina**. Habebit filium sara uxor tua. In-fol., d'après *L. Carrache*. Très-belle ép., grand in-fol.

341 — Le Christ au tombeau et autres sujets religieux. 5 p.

342 — L'Amour vainqueur, d'après *Guerchin*, avant la lettre. Superbe. — L'Amour et Psyché. 2 p. in-fol.

343 **Sainso**. Paysage à l'eau-forte. 30 p.

344 **Sixdeniers**. Mort de Raphaël, d'après *Bergeret*, grand in-fol. Très-belle ép. d'artiste, les noms à la pointe, sur chine.

345 **Steinla**. Le Christ ou Tombeau, d'ap. *Fra Bartolommeo*. In-fol.

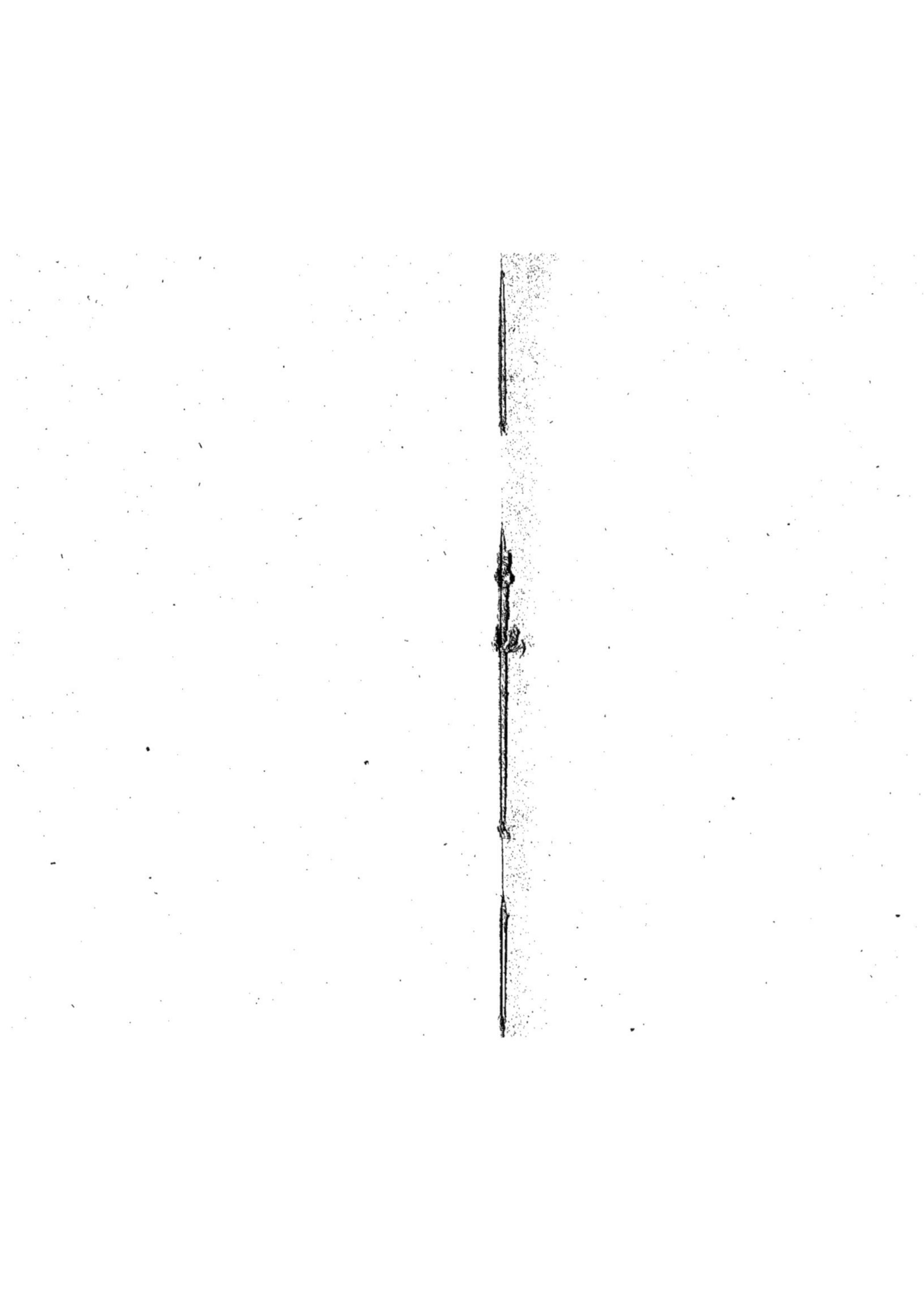

346 **Toschi**. Lo Spasimo di Sicilia, d'après *Raphaël*.   39
Très-belle ép., toute marge, grand in-fol.

347 — Madonna della Tenda. In-fol., d'après *Ra-*   10
phaël, belle marge.

348 **Volpato**. Vues du Bosquet d'Arcadie. 2 p. pe-   3,50
tit in-fol.

349 **Zuliani**. Cena in Emaus, d'après *G. Bellino*.   2
Très-belle ép. grand in-fol., toute marge.

350 **Vues** de Suisse et autres anciennes et moder-   1.50
nes. 80 p.

351 Compositions d'après les tableaux du Musée,   6.50
par Landon, Réveil et autres. 136 p.

PORTRAITS

352 **Alix**. Boileau. — Descartes. — Mably, 3 por-   7
traits petit in-fol. Ovales en couleur. Belles ép.

353 **Avril**. Brizard, de la Comédie Française. —   3
Ducis, auteur dramatique. 2 p. in-fol. Belles ép.,
marge, et Mlle Pélissier, par Daullé. Sans marge,
collée. 3 p.

354 **Balechou**. La Terre, Mme Louise-Élisabeth de   2.50
France, duchesse de Parme. In-fol., d'après
Nattier.

355 **Cars**. Stanislas, roi de Pologne. In-fol., d'ap.   9
Vanloo. Belle ép.

356 **Daullé**. Hyacinthe Rigaud peignant sa femme.   25
In-fol., très-belle ép. Grande marge.

357 **Drevet.** René François de Beauveau, archevêque de Narbonne. In-fol., d'ap. *Rigaud.* Superbe
épreuve.

358 — Bossuet en pied, d'ap. *Rigaud.* Belle ép. avec
des trous de vers dans la marge.

359 — Bossuet en pied. 2 ép. presque modernes.

360 — Jean Issaly, conseiller du roi. In-4, d'après
Largillière. Très-belle ép.

361 — Hélène Lambert, dame de Motheville. In-fol.,
d'ap. *Largillière.*

362 — Rigaud. — Maria Serre. 2 p. in-fol.

363 — Ch. Gaspard-Guil. de Vintimille, archevêque
de Paris. In-fol., d'ap. Rigaud. Très-belle ép.,
marge.

364 — Samuel Bernard, en pied. Grand in-fol., d'ap.
Rigaud, marge.

365 — Christian de Guldenlen. In-fol., d'après
Rigaud.

366 — Marie, duchesse de Nemours, collée. — Sam.
Bernard, sans marge. 2 p.

367 — Louis XIV. Grand in-fol., d'après *Rigaud.*
Collé.

368 — Louis Henry de Condé. — Cardinal Dubois.
— De Fourcy. — N. Lambert. — Mitantier. —
Oronce Finé 6 p. in-fol.

369 **Duchange.** Girardon, sculpteur. — Vleughels,
peintre, par *Jeaurat.* 2 p. petit in-fol.

370 **Duflos.** Jean Bérain. In-fol., d'ap. *Vivien.* Belle
ép., marge.

371 **Dupuis.** Largillière. — Coustou. 2 p. petit in-
fol.

372 **Dyck** (D'ap. Van). Son portrait, Callot, d'Urfé
et autres. 15 p.

373 **Edelinck**. Ph. de Champagne. In-fol., d'après
lui-même. Belle ép., sans marge.

374 — Hyacinthe Rigaud. In-fol., d'ap. lui même.
Très-belle ép.

375 — J. B. M. Colbert, Racine, Tortebat et autres.
10 p.

376 **Fessard**. Léon Leclerc de Juigné. In-fol.,
marge.

377 **Ficquet**. La Fontaine, des fables. In-8, d'après
Rigaud.

378 - - J. B. Rousseau. In-8, d'ap. *Aved*.

379 — Voltaire, La Mothe Levayer, Berghem, Ber-
nier et autres de la suite d'Odieuvre. 9 p.

380 **Lepicié**. Ch. Richer de Roddes de La Morlière.
In-fol., d'ap. *La Tour*. Grande marge.

381 **Longhi**. Portrait d'un Seigneur. Petit in-fol.,
avant toute lettre. Marge.

382 **Masson**. Brisacier. — Dupuis. — Marin Cu-
reau de La Chambre. 3 p. petit in-fol. — Le
comte d'Harcourt. Grand in-fol., en tout, 4 p.

383 **Metzmacher**. Ph. de Champagne. Petit in-fol.
Très-belle ép. sur Chine, toute marge.

384 **Nanteuil**. Cl. Regnauldin de Berau (R. D. 216),
1er état. — Le même, 4e état, avant-dernier. 2 p.

385 — Pierre Séguier de Saint-Brisson (226). 2 ép.,
dont une superbe.

386 — Marie de Bragelone. — Charles de Lorraine.
— La Meilleraie. — Le Tellier. — Longueville.
Lotin. — Ed. Molé et autre. 8 p.

387 **Petit**. Louis XV. — Maurepas. 2 p. en pied, d'ap. *Vanloo*, in-fol.

388 **Poilly** (J. B.). Corneille Van Cleve, sculpteur. In-fol., d'après *Vivier*. Superbe ép., grande marge.

389 **Strange**. Charles Ier, en pied avec son cheval. In-fol., d'ap. *Van Dyck*. Collé.

390 **Tischbein** (D'ap.). Herder. — Hufeland. — Kotzebue. — J. Gotth. Müller, lettre grise et avec la lettre. — Et Bause, par *Klauber*. 6 p. in-fol. Marge.

391 **Trouvain**. Jean Jouvenet, peintre, d'ap. lui-même. In-fol. en travers. Très-belle ép., sans marge.

392 **Turner**. Henri IV à cheval, manière noire. Petit in-fol., marge.

393 **Woollett**. Rubens à la fenêtre. In-4, d'après *Van Dyck*. Très-belle ép.

394 **Portraits** de peintres hollandais. Pictorvm aliqvot celebrivm, etc., par I. H. W. et autres. Cahier de 23 p. Très-belles ép.

395 **Portraits** de diverses Célébrités anciennes et modernes. Plus de 550 p., formera 8 lots.

ÉCOLE DU XVIIIᵉ SIÈCLE

396 **Amiconi** (D'ap.) et autres. Scènes de la Bible. 12 p. grand in-fol. Chez Wagner.

397 **Ardell** (M.). The Country Maid. — L'Enfant à la toupie. 2 p. manière noire. Belles ép.

398 **Aveline**. Le Toucher. Eau-forte pure et 2 ép. terminées. 3 p. in-4.

399 **Avril**. Diane changeant Actéon en cerf. In-fol., d'ap. *Albane*. Avant la lettre.

400 **Baillie**. The Quarrel of Cupid and Psyché, groupe de cinq enfants. Sanguine d'ap. *Poussin*. Superbe.

401 **Balechou**. Sainte Geneviève, d'ap. *Vanloo*. — La même, par *Avril*. 2 p. in-fol.

402 **Bartolozzi**. Clitie, d'ap. *Carrache*. Grand in-fol.

403 — Toilette de Vénus entourée de dix amours. In-4 en bistre, magnifique ép. avant toute lettre.

404 — Ophelia? — Romain écrivant les paroles d'une femme qui dort, d'ap. *Martin*. 2 p. Superbes ép., avant la lettre.

405 — Sapho, Love and Fortune, l'Enfant et l'Oiseau et autres. 6 p. Sanguine.

406 — Mariage d'Henri V. — Caractacus. — Didon. — Orphée et autres. 6 p.

407 **Bartolozzi** et **Comte**. Narcisse. — Jupiter and Leda, 2 beaux paysages. Grand in-fol., d'ap. *Viera*. Très-belles ép., toute marge.

408 **Baudouin** (D'ap.). L'Heureux moment, la Sentinelle en défaut, l'Epouse indiscrète, l'Enlèvement nocturne. 5 p.

409 **Bause** (J. F.). Portraits et eaux-fortes. 5 p.

410 **Bellanger**, 1763. Arrestation d'Athalie. Petit in-fol. Très-belle ép.

411 **Berthault**. Vues de Paris, du Pont-Royal regardant le Pont-Neuf. — Le Port au blé jusqu'au pont Notre-Dame. 2 p. grand in-fol., d'ap. *Lespinasse*, 1782.

412 **Bervic**. L'Innocence. In-fol., toute marge.

413 **Boilly** (D'ap.). Trait héroïque. Grand in-fol., par Petit. Toute marge.

414 **Boissieu** (De). Paysages et Têtes, anciennes ép. 16 p.

415 — Les Deux Charlatans. 2 p.

416 — Les Grandes Vaches, le Portrait, les Bulles de savon, l'Écrivain public et autres. 10 p.

417 — Paysages. — Groupes de Têtes, par Claussins, d'après des dessins de Boissieu. 60 p.

418 **Boucher** (D'ap.). Le Trait vainqueur. — Le Lit de repos. — Vénus et l'Amour, 3 jolies petites pièces gracieuses, in-8.

419 — Le Trébuchet. In-fol., par *Aveline*. Très-belle ép., toute marge.

420 — Groupes d'Enfants, Fontaine, Poésie, Enlèvement d'Europe et autres. In-fol. 20 p.

421 **Bouillon** (D'ap.). Séparation de Marie Antoinette. — Louis XVI avec son confesseur. 2 p., sans marge. — Dévouement de Mme Élisabeth. — Jugement de Marie-Antoinette. — Séparation de Louis XVI. 5 p. grand in-fol.

422 **Boulogne** (D'ap.). Actéon métamorphosé en cerf. In-fol., par *Sornique*. Très-belle ép.

423 **Boydell**. Cadmus et le Dragon. — Cyrus exposé. 2 p. in-fol., avant la lettre. — Cyrus avec la lettre. 3 p. Superbes.

424 **Carème** (D'ap.). Le Souvenir du plaisir. Ovale, in-4. — Honny soit qui mal y voit, par *Hubert*. In-fol., marge.   2

425 **Caricatures**. Singeries anciennes, — Sujets curieux divers, Cartes à jouer de la République et autres. En tout, 46 p.   2 7

426 **Chapuy**. Le Moraliste. Petit in-fol., en couleurs.   1 3

427 **Chardin**. La Serinette. Très-rare ép., avant toute lettre.   1 6 1

428 **Chedel**. Petits Paysages, 6. — Henri II blessé à mort, — et autres Paysages. 11 p.   6 . 5 0

429 **Chevaux** (D'ap.). Disgrâce de Gabrielle d'Estrées. — Retour d'Henri IV. 2 p. grand in-4, par *Pinault*. Superbes.   1 . 5 0

430 **Chevillet**. La Santé rendue. In-fol., d'après *Terburg*. Très-belle ép.   5 . 5 0

431 **Clemens**, 1777. Tobie faisant ensevelir les morts. In-fol., d'ap. *Bourdon*. Très-belles ép., avant la lettre.   6

432 **Cochin**. Allégorie pour Télémaque, avant et avec la lettre; Frontispice de l'Encyclopédie; La Force, avant et avec la lettre; etc. 10 p.   5

433 — Allégories, Fleurons, Bataille de Fontenoy et autres vignettes. 26 p.   1 3

434 **Coypel** (D'ap.). Vertumne et Pomone. Petit in-fol., par *Vermeulen*. Très-belle ép., marge.   2 , 5 0

435 — Sacrifice d'Abraham, Eliezer et Rebecca, Cupidon et Psyché, Renaud et Armide, et autres. 7 p. in-fol.   3

436 **Daullé**, 1739. Ce Spectacle ambulant. In-fol., d'ap. *Dumont*.

437 — Jupiter et Semelé. In-fol. Superbe ép., avant toute lettre.

438 **Debucourt**. Minet aux aguets. In-fol., ovale en travers. Très-belle ép.

439 — Berceau de Paul et Virginie. — Les premiers Pas de Paul et Virginie. — Bienfaisance de Virginie. 3 p. ovales, in-fol. en travers, 1796. Belles ép.

440 — (D'ap.). L'Instruction villageoise. In-fol., par Glairon Mondet. Très-belle ép. ancienne et une moderne. 2 p.

441 **De Launay**. L'Abus de la crédulité, d'ap. Aubry. — Le poëte Anacréon, d'ap. Baudouin. — La Gayeté de Silène, d'ap. Bertin. — L'heureuse Fécondité, d'ap. Fragonard. — La Félicité villageoise. — La Gayeté conjugale, d'ap. Freudeberg. — Le Bonheur du ménage, d'ap. Le Prince. 7 p. petit in-fol. Ovale équarri, en travers.

442 **De La Rue**. Scènes militaires, à l'eau-forte. 25 p.

443 **De Marne**. Sujets de Bergers, d'Animaux et Paysages à l'eau-forte. 24 p.

444 **Demarteau**. Jeune Bergère assise, charmante sanguine. In-4, marge (180). Superbe ép.

445 — Et autres, sanguine et couleur: Têtes, etc. 10 p.

446 **Desfriches**. Le Poutil, maison de camp. de M. Desfriches, dessinée par Lui, vue d'Orléans, etc. 4 p.

447 **Deshayes**. La Résistance (Suzanne et les vieillards). Petit in-fol. en travers, par *Nicollet*. Très-belle ép., marge.

448 **Duplessis-Bertaux**. Scènes de théâtre, Mendiants, Sujets militaires, etc. 38 p.

449 **Dupuis**. Statue de Louis XV, élevée à Rennes, d'ap. *Le Moine*. Très-grand in-fol.

450 **École anglaise**. La princesse Augusta. — Mrs Bryan and children. 2 p., en bistre.

451 — Comtesse Spencer. — Miss Bingham. 2 p. in-4, en couleur, d'ap. *Reynolds*.

452 — Almeida. — Roseïda, 2 portraits de femmes ovales. In-4 en couleur, par *Aug. Legrand*.

453 — Lady Bellassis. — Mrs Conwai Hackett. — Et autre, par Green. 3 portraits de femmes, manière noire.

454 — The Friends. — Damon et Delia. 2 p. in-fol., manière noire, costumes de femme, 1779. Belles ép.

455 — Diogène. — Romeo et Juliette. — Combat de la Hogue et autres. 6 p. grand in-fol.

456 — Sujets de la fin du XVIIIᵉ siècle. 15 p.

457 — Mort du général Wolff, par *Woollett*, par *Falckeisen*, par *Aug. Legrand*. 3 p. in-fol.

458 **École française**. Têtes sanguine, et autres sujets divers en noir. 32 p.

459 **Eisen** (C.). Vierge allaitant Jésus. — Saint Jérome, 2 petites eaux-fortes originales.

460 — (D'après). L'Automne, eau-forte pure, rare. In-4.

3

461 — La Vieille de belle humeur. In-fol., par *de Fehrt*.

462 — L'Amour asiatique. In-fol., par *Basan*. Très-belle ép., marge.

463 — Les Désirs satisfaits. Petit in-fol., par *Patas*.

464 — Indulgence plénière, donnée par Clément XI. Grand in-fol.

465 **Eredi.** Il Rimprovero meritato, d'ap. Mlle *Gerard*. — L'Ora del passatempo, d'ap. *Van Gorp*. — Et la Fecondita felice, par Lasinio, d'ap. *Fragonard*. — L'Allegrezza conjugale, par Carboni, d'ap. *Freudeberg*. 4 p. petit in-fol. Ovale équarri en travers, marge.

466 **Foulquier.** La Mort de sainte Monique, eau-forte. In-fol. Très-belle ép., marge, rare.

467 **Fragonard.** Saint Jérôme. — Sujet romain, d'ap. Tiepolo. 2 eaux-fortes originales. In-8.

468 **Fragonard** (D'ap.). Le Chevalet renversé, fac-simile d'un dessin en bistre. In-fol., sans marge.

469 — Sacrifice de la rose. Grand in-fol. par *H. Gérard*.

470 **Freudeberg** (D'ap.). Complaisance mater-nelle. Petit in-fol. Superbe ép.

471 **Germain.** Très-petits Paysages, n°s 2, 4, 6. 3 p. Marge.

472 **Gillot**, inv. et sculp. Le Sabbat des Sorcières. Collé en plein.

473 **Girard** (Chez). The morning toilette. La Toi-lette de Vénus, sujet gracieux rond, en bistre. Très-belle ép., toute marge.

474 **Glume**, 1743. Têtes à l'eau-forte. 5 p. très-belles.

475 **Grateloup**. Deux têtes. — Trois petits Militaires, d'ap. *Callot*. 2 petites pièces rares.

476 **Greuze** (D'ap.). Le Donneur de sérénade. In-fol., eau-forte pure. Rare.

477 — Jeune Tricotteuse endormie. — La Peloteuse avec son chat. 2 très-belles ép., sans marge.

478 — La Savonneuse. In-fol., par *Danzel*. Marge.

479 — L'Oiseau mort, ovale en couleur, coupé à l'ovale.

480 — Costume d'Italienne, eau-forte pure. — Les Reproches maternels. 2 p.

481 **Jazet**. Le Repas de noce. In-fol. Colorié.

482 **Jeaurat** (D'ap.). L'Amour coquet, gravé par son frère, 1732. In-fol., très-belle ép.

483 — La place des Halles. — La place Maubert. 2 p. in-fol., par *Aliamet*. Très-belles ép.

484 — L'Exemple des mères, Salomon, Jacob. 3 p.

485 **Joubert** (Chez). L'Écureuil content. — L'heureux Serin. 2 p. petit in-fol.

486 **La Fontaine**. Contes. Frère Luce. — La Servante justifiée. 2 p. in-fol.

487 **Lagrenée**. Saint Jérome. — Apollon et Marsyas. — Sacrifice au dieu Pan et autres, 6 eaux-fortes originales.

488 — (D'après). Education de l'Amour, 2 sujets différents; Punition de l'Amour. 3 p., par *Bouillard*, avant la dédicace, marge.

489 — Premier âge de l'Amour. — Education de l'Amour, Punition de l'Amour. — Triomphe de la peinture. 4 p.

490 **La Hyre**. L'Ange mettant le feu au sacrifice. — Mercure et Aglaure. — Le Midi, d'après *Lancret*. 3 p. in-fol.

491 **Langlois**, 1782. La Cuisinière hollandaise. In-fol., avant la lettre.

492 **Lavreince** (D'ap.). Le Billet doux. Rare ép. d'eau-forte pure.

493 — Le Lever des ouvrières en modes. In-fol., par *Compagnie*, en bistre.

494 — Le Mercure de France. — Le Concert. 2 p. rognées.

495 **Le Bel** (D'ap.). Deux jeunes Bergers dormant, ovale équarri en travers, par *Hémery* avant la lettre.

496 **Le Mire**. Le Gouverneur du Sérail choisissant les femmes. In-fol., d'ap. *Taraval*, avant et avec la lettre. 2 p.

497 **Le Moine** (D'ap.). Adam et Eve, eau-forte pure.

498 **Le Prince**. Sujets russes, à l'eau-forte. 4 p.

499 **Le Sueur**, 1776. Vue d'une Ferme au-dessus de Saint-Maur. Très-belle ép.

500 **Levachez**. Sujets de Mlle de La Vallière. 3 p. in-fol. coloriées, d'ap. *H. Vernet*.

501 **Le Vasseur**. Léonard de Vinci mourant dans les bras de François Ier. Grand in-fol. d'ap. *Menageot*. Très-belle ép., toute marge.

502 — Les Blanchisseuses italiennes. — Le Ménage
italien. — La Jardinière en repos. — Le Plaisir
des Satyres, d'ap. Poelembourg. Grand in-fol.,
belle. 4 p.   3

503 **Macret**. Arrivée de J.-J. Rousseau aux Champs-
Élysées. — Réception de Voltaire. 2 p. in-fol.,
marge.   4

504 **Manière noire**, par Haïd et autres ; Buveurs,
Sujets religieux, etc. 16 p.   2

505 **Mariage**. Le Jugement de Pâris. In-fol. avant
la lettre, toute marge.   1

506 **Martinet**. Oui, cher amant. — Jamais dans
notre ménage. 2 p. in-4, superbes, marge.   5.50

507 — Chasse. — Le Marchand ruiné ; in-fol. 2 p.   1.50

508 **Monnet** (D'ap.). Sujets pour Télémaque et
autres. 10 p.   5.50

509 **Moreau** (D'ap.). Les Amours d'un héros chéri.   2

510 **Moreland** (D'ap.). Dancing Dogs. — Guinea
Pigs. 2 p. in-fol., toute marge.   11

511 **Oudry** (D'ap.). Sujets de chasse. 21 p.   3

512 **P. C.** Ruines romaines pour titres de 5 livres.   3
Palazzi e case d'Italia. 5 p. au trait et coloriées,
imitation d'aquarelles.

513 **Pater** (D'ap.). Le Glouton, conte de La Fon-
taine. — Scène de Ragotin. 2 p. in-fol.   6

514 **Picart** (B.) et autres. Petits Costumes et petits
Sujets dits Tabatières. 12 p.   3.50

515 — Renaud et Armide, rond équarri. In-fol.,
très-belle ép.   2

516 **Pillement**. Sujets chinois, Baraques, Kios-
ques, etc., pour panneaux. 16 p.   17

517 — Paysages; in-fol. 6 p.

518 Porporati. Clorinde et Tancrède. — Herminie et le Berger. 2 p. d'après Van Loo. Ép. avant la lettre.

519 — Les mêmes, avec la lettre. 2 p. in-fol.

520 — La Mort d'Abel. — Chaste Suzanne. 2 p. in-fol.

521 Pujos. L'Amour conduit par la Folie. Eau-forte originale. Très-rare, superbe.

522 Ramberg. La Vendange au Vésuve. In-fol. colorié.

523 Regnault. Jupiter enlève Io. Petit in-fol. par *Blot*. Très-belle ép., marge.

524 Rigaud. Scènes de la vie de Jésus, les Galères à Marseille, etc. 9 p. in-fol.

525 Rosalba (D'ap.). L'Automne. Petit in-fol.

526 Ryland. La Maladie d'Antiochus. In-fol., superbe ép. avant la lettre, d'ap. *P. de Cortone*, marge.

527 Saint-Aubin (D'ap. Aug. de). Les Commissionnaires ultramontains, 5 p. superbes. — Pompe funèbre de César, d'ap. *Gabriel*. 6 p.

528 Schenau (D'ap.). La Jeune Pèlerine. — Image de la beauté, etc. 3 p.

529 Sherwin. Mort de lord Robert Manners. Grand in-fol., lettre grise, très-belle ép.

530 Skelton. Les Anges apparaissant aux Bergers, d'après Stothard. Grand in-fol, superbe ép., papier de Chine, très-rare, toute marge.

531 Strange. Toilette de Vénus, sans marge.

532 — Esther et Assuérus. — Vénus attachant un bandeau à l'Amour. 2 p. in-fol., collées.

533 **Taujé**. Chambre d'accouchée hollandaise. In-fol. d'ap. Troost, coloriée.

534 **Vanloo** (D'ap.). Clorinde et Tancrède. — Herminie et le Berger. 2 p. in-fol., par Porporati. Belles ép., toute marge.

535 — Abraham et Agar. — Fuite en Égypte, Saint Grégoire, etc. — La Sculpture. — Conversation espagnole. — Le Concert du grand sultan et autres. 16 p.

536 **Vernet** (D'ap. J.). Marseille, Toulon, par *Morris*. Port de Bordeaux, 2 différentes Vues par *Corwil*. 4 p. petit in-fol.

537 — Le Calme, la Tempête, les Baigneuses et autres Marines, Scènes de pêcheurs, Vues des ports d'Italie. 45 p. grand in-fol. 3 lots.

538 **Vernet** (D'ap. C.). Entrée dans le bois, en couleur. — Intérieur d'écurie et autre. 3 p.

539 **Voyez** le jeune. Marchande de plaisirs. — Marchande de poissons. 2 p. in-fol. d'ap. *Krauss*. Très-belles ép.

540 **Watson**. Psyché. Charmant portrait de jeune fille. Superbe ép. en couleur, in-4, toute marge.

541 — La Lecture? Grand in-fol., manière noire, avant la lettre. Superbe ép.

542 **Wille**. Le Concert de famille, d'ap. *Schalken*. In-fol., belle ép.

543 — Les Musiciens ambulants, d'ap. *Dietricy*. In-fol., belle ép.

544 — Mort de Cléopâtre. — Les Soins maternels. 2 p. in-fol., belles ép.

545 — L'Observateur distrait. — Cuisinière hollandaise. — Musiciens ambulants. — Offres réciproques. — Maréchal des logis, etc. 8 p.

546 **Wille** fils (D'ap.). La Rusée, par *Gaillard*. — La Bonne Mère sans souci, par *Chevillet*. 2 p. petit in-fol. Très-belles.

547 — Fête à la Vieillesse, par *Duplessis Bertaux*, Très-grand in-fol. Avant la lettre.

548 — La Mère mécontente. — Amusement du jeune âge et autre. 3 p.

549 **Wilson.** Domestick amusement. In-fol. Manière noire. Très-belle ép. Marge.

550 **Woollett.** Le grand Pont, d'après *Claude*. Eau-forte pure.

551 — The Fishery. — Celadon and Amelia. — Niobe. 3 p. in-fol.

552 **École du XVIIIᵉ siècle.** Première Leçon d'amitié fraternelle, Mort de Marc-Antoine et autres. Grand in-fol. 12 p.

553 — Sous ce numéro, 90 Pièces diverses seront divisées en six lots.

554 **Études.** Principes de Dessins publiés en Italie, d'après Bloemaert, 42. — Et autres sanguines, Têtes, Paysages, etc., 105 p.

555 **Marines** par Ozanne et autres, lithographiées. 67 p.

556 **Pièces en couleur.** Liberté, Égalité, Fraternité et autres Figures allégoriques, à la sanguine. 16 p.

557 — The Desire satisfied, la Visite à la nourrice, Sujets de Werther et autres. 11 p. bistre, sanguine et couleur.

558 Petits Sujets en couleur et coloriés. 45 p.

559 **Pièces à la sanguine**. Paysages et Sujets. 12 p.

560 **Sujets divers**. Anciens et modernes. Dehemant de Saint-Félix, Pariseau et autres. 200 p. en deux lots.

561 **Titres**. Frontispices, Armoiries, par A. Bosse, Chauveau, Cochin, Th. de Leu et autres. 80 p.

562 — Allégories, En-têtes et fins de pages, Fleurons Armoiries, etc. 80 p.

563 **Vignettes**. Ancien Testament, 40. — La Passion d'ap. Stradan, 12. En tout 52 p.

564 — Daphnis et Chloé du Régent et autres, d'ap. Eisen, Gravelot, etc. 66 p.

565 — Fables d'Ésope, La Fontaine et autres. 78 p.

566 — d'après Cochin, Marillier et autres. 50 p.

567 — tirées de divers ouvrages, Corneille, Molière et autres. 100 p.

568 — Sujets divers du xviii° siècle et autres. 50 p.

569 — Petits Sujets religieux. 60 p.

570 — modernes, Vues, Sujets religieux et autres. Environ 150 p.

571 **Vues** de Paris et de France, Rigaud, etc. 52 p.

572 — diverses, Paysages. Grand in-fol. 20 p.

573 — d'Angleterre, Suisse et autres. 60 p.

574 — de Rome et Italie. 150 p.

575 — Paysages et Sujets divers. 100 p.

576 Vues des Jardins du Palais d'été à Pékin. 2 p. Grand in-fol. sur papier de Chine. Rares.

577 Vues de Rome et ses environs. 55 p. dont 7 du siége. Cahier oblong in-4.

578 Volume russe, tome XI, n° 1, 1854, avec 2 planches. Bateaux avec canons, détails. Grand in-8 broché.

579 Volume russe, texte entouré, dans l'ornement du titre 3 petites têtes de saints. In-4 broché.

580 Volume russe, figure de Sainte qui fut décapitée. Le texte est entouré du même ornement, figures sur bois. In-4. La Sainte en fers dorés sur les plats de la reliure pleine.

DESSINS ET TABLEAUX

581 — Vues de Naples. Ovales in-fol. 2 gouaches. Superbes.

582 — Sujet de l'Histoire romaine. Aquarelle in-fol.

583 — Sujets divers à la plume, sanguine, bistre, aquarelle, etc. 46 p. (Pourra être divisé.)

584 Petit Volume contenant 35 Dessins, la plupart à la plume, détails d'anatomie, attribué à Léonard de Vinci.

585 Portraits-Charges en pied de littérateurs, aquarelles. Petit in-fól. Signés *N.* 16 p.

586 Petite tête de Vierge à l'huile sur peau. Petit ovale. H. 5 cent.

587 Saint en prière devant un crucifix, appuyé
contre une tête de mort, à mi-corps. H. 22 cent.
sur L. 17. A l'huile. Sur cuivre.

588 Saint russe en pied, à droite en haut, la Vierge
tient une étole, à gauche une Sainte présente
un livre. A l'huile sur bois. H. 35 cent. L. 28.

589 Ermite en extase dans une grotte. Belle peinture
sur panneau de chêne. H. 37 cent. sur L. 27.

PORTRAITS

DES

ARTISTES DU XVIIIᵉ SIÈCLE

Gravés par Adolphe VARIN

POUR ILLUSTRER

L'ART DU XVIIIᵉ SIÈCLE

de MM. de Goncourt

Sont parus :

MOREAU le jeune, dessinateur et graveur.
FRAGONARD (Honoré), peintre et graveur.
COCHIN, dessinateur et graveur.
PRUDHON, peintre et graveur.
CHARDIN (J.-Siméon), peintre.
GREUZE, peintre.
GRAVELOT, dessinateur.
SAINT-AUBIN (Aug.), dessinateur et graveur.
BOUCHER, peintre.
WATTEAU, peintre.
DEBUCOURT, dessinateur et graveur.
LATOUR (M. Quentin de), peintre au pastel.
EISEN, dessinateur.
GONCOURT (Jules de), auteur.
GONCOURT (Edmond de), auteur.

AVANT LA LETTRE OU LETTRE GRISE

Bistre ou noir sur chine.................... 2 fr. 50
Bistre ou noir sur blanc.................... 2   »

AVEC LA LETTRE

Bistre ou noir sur chine.................... 1 fr. 25
Bistre ou noir sur blanc.................... 1   »

Chez VIGNÈRES, rue de la Monnaie, 21, à Paris

Vᵉˢ Renou, Maulde et Cock. imprˢ de la Cⁱᵉ des Commissaires-Priseurs
rue de Rivoli 144.   75021